Schmuck stricken

Als Kind habe ich mit Begeisterung Kordeln mit der Strickliesel angefertigt. Zu sehen, wie die Kordel länger und länger wurde, hat mir großen Spaß gemacht. Leider wurden die langen Kordeln nie zu besonders interessanten Endprodukten verarbeitet.

Mit modernen, effektvollen Garnen und der Heißklebepistole können wir heute aus diesen Strickliesel-Bändern unsere eigene Schmuck-Kollektion anfertigen. Entweder farblich abgestimmt auf die eigene Garderobe oder zum Verschenken in der entsprechenden Lieblingsfarbe. Im Handumdrehen, mit geringem Materialeinsatz und ohne besondere Strickkenntnisse lassen sich fantasievolle Ketten, Armbänder oder Haarschmuck anfertigen. Die Ketten aus den weichen und anschmiegsamen Garnen schmeicheln und lassen sich angenehm tragen – auch als Ersatz fürs Halstuch.

Viel Spaß mit der Strickliesel und beim Gestalten Ihrer ganz persönlichen Schmuck-Kollektion!

Ihre

Milla Schoen

Eiskaltes Collier
→ mit passenden Perlen geschmückt

LÄNGE
ca. 45 cm

MATERIAL
- Schachenmayr Brazilia in Silber (Fb 90) und Anthrazit Bicolor (Fb 290), Reste
- Schachenmayr Brazilia Lamé in Schwarz (Fb 85), Rest
- Schachenmayr Starlight in Silber (Fb 81), Rest
- Kettenverschluss in Silber, ø 1 cm
- 15 Swarovski®-Kristall-Schliffperlen in Eisblau, ø 4 mm
- transparenter Nähfaden (z. B. Coats Sonal)
- Nadelspiel Nr. 4
- Hilfsnadel

Glatt rechts
In Rd alle M rechts str

Zopf
2 M auf einer Hilfsnd vor die Arbeit legen, 2 M rechts str, die 2 M der Hilfsnd rechts str.

Anleitung
Mit 2 Nd des Nadelspiels aus Brazilia und Brazilia Lamé in jeder Farbe eine Strickkordel über 4 M von 18 cm Länge anfertigen und die M auf der Nd lassen. Die 3 Nd mit den Kordeln zum Rundstr zusammenlegen und in Rd über alle M rechte M in Starlight str. In der 5. Rd die M auf jeder Nd verzopfen. Noch 3 x in jeder 5. Rd die M verzopfen, dann 4 Rd glatt rechts str und die Arbeit wieder teilen. Über je 4 M die Kordeln in Brazilia in der entsprechenden Farbe str. Die Kordelenden zusammenfassen und in die Verschlusshülsen kleben.

Die Kristall-Schliffperlen mit dem transparenten Nähfaden als Verzierung auf das verzopfte Mittelteil nähen.

Tipp: Wollen Sie mehr Augenmerk auf die Perlen legen? Dann verwenden Sie schwarze Perlen. Sie erzielen dadurch einen tollen Kontrast zum silberfarbenen Untergrund und trotzdem wirkt die Kette sehr edel.

KETTEN FÜR JEDE GELEGENHEIT

Mut zu Rot!
→ überaus wirkungsvoll

LÄNGE
ca. 45 cm

MATERIAL
- Schachenmayr Brazilia Color in Passion (Fb 109), Rest oder 50 g
- Schachenmayr Brazilia in Flamingo (Fb 34), Rest oder 50 g
- Kettenverschluss in Silber, ø 1,2 cm
- Anhänger mit 2 gezogenen Glasperlen in Rottönen, ca. ø 3 cm
- Strickliesel mit 4 Zacken bzw. Nadelspiel Nr. 4

Anleitung
Mit einer Strickliesel mit 4 Zacken oder mit 2 Nd des Nadelspiels in jeder Farbe über 4 M eine Strickkordel von 45 cm Länge anfertigen. Die beiden Kordeln zusammenfassen und mit Heißkleber in die Verschlusshülsen kleben. Den Anhänger auffädeln.

Hinweis: Wenn Sie die Kette mit der Strickliesel arbeiten, wirkt sie nicht ganz so flauschig.

Tipp: Stricken Sie doch noch andere Farbkombinationen, passend zu Ihrer Garderobe.

KETTEN FÜR JEDE GELEGENHEIT

LÄNGE
nach Bedarf

MATERIAL
- Schachenmayr Brazilia in Schwarz (Fb 99) bzw. Weiß (Fb 01), Reste oder 50 g
- Steckverschluss in Silber bzw. Gold, ø 7 mm
- je 5 Strassringe in Silber bzw. Gold, ø 1 cm
- Strickliesel mit 4 Zacken bzw. Nadelspiel Nr. 4

Tipp: Varianten, die Ihre Kette immer anders aussehen lassen: Sie können die Strassringe ganz eng in der Mitte zusammenfassen oder sie ein wenig auseinander schieben. Sie können die Strassringe auch über das ganze Kropf-

Edle Kropfbänder

→ super einfach und schnell gemacht

Anleitung

Mit einer Strickliesel mit 4 Zacken oder mit 2 Nd des Nadelspiels aus Brazilia je eine Strickkordel über 4 M von ca. 34 cm Länge anfertigen. Auf jede Kordel fünf Strassringe auffädeln und nach eigenem Geschmack verteilen. Die Kettenenden mit Heißkleber in die Verschlusshülsen kleben.

KETTEN FÜR JEDE GELEGENHEIT

Ein toller Auftritt

→ Kropfband mit Perlmuttperlen

LÄNGE
nach Bedarf

MATERIAL
- Schachenmayr Brazilia Lamé in Schwarz (Fb 85), Rest oder 50 g
- Kettenverschluss in Onyx glänzend, ø 7 mm
- 6 längliche Perlmuttperlen, ø 4 mm, ca. 1,2 cm lang
- Anchor Sticktwist in Schwarz (Fb 403)
- Strickliesel mit 6 Zacken bzw. Nadelspiel Nr. 4

Anleitung

Mit einer Strickliesel mit 6 Zacken oder mit 2 Nd des Nadelspiels aus Brazilia Lamé eine Strickkordel über 6 M von ca. 34 cm Länge anfertigen. Fäden vernähen. Mit dem Sticktwist in der Mitte der Kordel die Perlen nach Abbildung annähen. Dafür den Faden zuerst in der Kordel mittig fixieren und dann zwei Perlen auffädeln. Den Faden dicht unter der letzten Perle mehrmals verknoten, damit die Perlen gesichert sind. Mit der Nadel wieder durch beide Perlen zurückstechen und den Faden vernähen. Die anderen Perlen auf die gleiche Weise im Abstand von 2 cm rechts und links der Mitte annähen. Die Kettenenden mit Heißkleber in die Verschlusshülsen kleben.

Tipp: Das Kropfband soll eng am Hals anliegen, daher sollten Sie die Länge auf Ihren eigenen Halsumfang abstimmen. Die Strickkordel ist dehnbar und wird nicht als einengend empfunden.

Effektvolles Collier in Gold oder Silber

→ mit Netzgestrick

LÄNGE
ca. 50 cm

MATERIAL

KETTE IN GOLD
- Schachenmayr Scala in Basalt color (Fb 91), 25 g
- Kettenverschluss in Gold, ø 1,2 cm
- große Schalperle in Gold, ø 2,5 cm
- Stricknd Nr. 7-8

KETTE IN SILBER
- Schachenmayr Scala in Murmel color (Fb 90), 25 g
- Kettenverschluss in Silber, ø 1,2 cm
- 3 Schalperlen in Silber, ø 2 cm
- Stricknd Nr. 7-8

MASCHENPROBE
Mit Nd Nr. 7-8 im Netzmuster
13 M und 8 R = 10 cm x 10 cm

Netzmuster
1. R: RM; 1 U, 1 M rechts im Wechsel str, enden mit 1 U, RM
2. R: Alle M rechts str, dabei die Umschläge fallen lassen und die M lang ziehen.
1. und 2. R fortlaufend wdh.

Anleitung
28 M anschlagen und einen Schal im Netzmuster arbeiten: ca. 20 cm breit und 42 cm lang.
Die Schalperlen auffädeln und gleichmäßig verteilen. Die Schalenden jeweils mit etwas Klebefilm zusammennehmen und fixieren. Mit Heißkleber in die Verschlusshülsen kleben.

Tipp: Diese Ketten können wunderbar einen Schal ersetzen.

KETTEN FÜR JEDE GELEGENHEIT

Kropfband in Rot oder Blau

→ mit superschönen Schmuckperlen

LÄNGE
nach Bedarf

MATERIAL
- Strickliesel mit 4 Zacken bzw. Nadelspiel Nr. 4

KETTE IN BLAU
- Schachenmayr Brazilia in Royal bicolor (Fb 251), Rest oder 50 g
- Kettenverschluss in Silber, ø 5 mm
- 2 Schmuckperlen in Altsilber, ø 1,2 cm
- Anhänger mit gezogener Glasperle in Blau, ca. ø 2 cm

KETTE IN ROT
- Schachenmayr Brazilia in Rubin bicolor (Fb 231), Rest oder 50 g
- Steckverschluss in Silber, ø 7 mm
- Anhänger mit gezogener Glasperle in Rot, ca. ø 2 cm

Anleitung

Mit der Strickliesel oder mit 2 Nd des Nadelspiels über 4 M eine Strickkordel in ca. 34 cm Länge bzw. der dem Halsumfang entsprechenden Länge anfertigen.
M zusammenziehen, Fäden vernähen. Auf die Strickkordel die Perlen nach Abbildung oder eigenem Geschmack auffädeln. Die Kettenenden mit Heißkleber in die Verschlusshülsen kleben.

Tipp: Diese Kollektion passt hervorragend zu Ihrem Jeans-Outfit. Aber natürlich können Sie die Ketten auch zu edlen Stoffen tragen.

KETTEN FÜR JEDE GELEGENHEIT

Fadenkette

→ ein Geschenk in letzter Minute

Anleitung

Aus Scala 18 Fäden à 46 cm Länge schneiden. Die losen Fadenenden mit Klebefilm zusammenfassen und beide Fadenbündel auf die gleiche Länge zuschneiden (ca. 45 cm) und mit Klebefilm fixieren. Die passende Perle auffädeln und die Enden mit Heißkleber in die Verschlusshülsen kleben.

LÄNGE
ca. 45 cm

MATERIAL
- Schachenmayr Scala in Perlmutt color (Fb 95), Atlantis color (Fb 85), Oliv color (Fb 96) bzw. Etno Color (Fb 83), je ca. 9 m
- transparente Großlochperlen in passender Farbe, ø 1,5 cm
- Kettenverschluss in Gold bzw. Silber, ø 4 mm

Tipp: Hier können Sie sich im Handumdrehen eine ganze Farb-Kollektion zulegen. Für jeden Tag und je nach Stimmung eine andere Kette!

KETTEN FÜR JEDE GELEGENHEIT

Geflochtene Kette

→ sehr edel und doch verspielt

LÄNGE
ca. 60 cm

MATERIAL
- Schachenmayr Scala in Orion color (Fb 93), Admiral color (Fb 94) und Atlantis color (Fb 85), je 25 g
- Kettenverschluss in Silber, ø 1,2 cm
- Strickliesel mit 4 Zacken, Strickmühle bzw. Nadelspiel Nr. 4

Anleitung
Mit der Strickmühle, der Strickliesel mit 4 Zacken oder 2 Nd von einem Nadelspiel aus Scala in jeder Farbe über 4 M eine ca. 1,80 m lange Kordel anfertigen. Jede Kordel zur Hälfte legen, die Kordeln an einem Ende zusammenfassen und zu einem ca. 60 cm langen Zopf flechten. Die Zopfenden zusammenfassen und mit Heißkleber in die Verschlusshülsen kleben.

Tipp: Etwas länger gearbeitet, eignet sich diese Kette auch als einfacher Gürtel.

Colliers im Silber-Look

→ für den Wintertyp

Kette mit durchgezogener Perle

Anleitung

In Scala und Arista über 4 M je eine ca. 56 cm lange Kordel anfertigen. Die Kordeln zusammenfassen und mit Heißkleber in die Verschlusshülsen kleben. Die Perle aufziehen.

Kette mit verschlungenen Strickkordeln

Anleitung

Mit der Strickmühle, der Strickliesel mit 4 Zacken oder 2 Nd des Nadelspiels über 4 M aus Scala eine ca. 56 cm lange Kordel anfertigen. Mit der Strickliesel aus Arista eine ca. 56 cm lange Kordel anfertigen. Beide Kordeln in der Mitte verkreuzen und die Perle über den Knotenpunkt ziehen. Die beiden Kordelenden jeweils zusammenfassen und mit Heißkleber in die Verschlusshülsen kleben.

Tipp: Sie sind ein Wintertyp? Dann sind diese kühl wirkenden Farbkombinationen genau das Richtige für Sie.

LÄNGE
ca. 56 cm

MATERIAL
KETTE MIT DURCHGEZOGENER PERLE

- Schachenmayr Scala in Orion color (Fb 93), Rest oder 25 g
- Anchor Arista in Silber (Fb 301), Rest oder 25 g
- Kettenverschluss in Silber, ø 7 mm
- Schmuckperle in Silber, ø 2 cm
- Strickliesel mit 4 Zacken, Strickmühle bzw. Nadelspiel Nr. 4

KETTE MIT VERSCHLUNGENEN STRICKKORDELN

- Schachenmayr Scala in Atlantis color (Fb 85), Rest oder 25 g
- Anchor Arista in Silber (Fb 301), Rest oder 25 g
- Kettenverschluss in Silber, ø 7 mm
- Schmuckperle in Silber, ø 2 cm
- Strickliesel mit 4 Zacken, Strickmühle bzw. Nadelspiel Nr. 4

KETTEN FÜR JEDE GELEGENHEIT

Zauberhafte Ketten
→ für den Frühlings-Typ

LÄNGE
ca. 96 cm

MATERIAL
KETTE AUS FÄDEN

- Schachenmayr Scala in Perlmutt color (Fb 95), ca. 26 m oder 25 g
- Kettenverschluss in Gold, ø 5 mm
- 2 transparente Perlen in Flieder, ø 1,5 cm
- transparente Perle in Rosé, ø 1,5 cm
- Scheibenanhänger in Flieder marmoriert, ø 5,5 cm

KETTE AUS STRICKSCHLAUCH

- Schachenmayr Scala in Perlmutt color (Fb 95), 25 g
- Kettenverschluss in Gold, ø 7 mm
- 2 transparente Perlen in Orange, ø 1,5 cm
- Scheibenanhänger in Orange marmoriert, ø 5,5 cm
- Strickliesel mit 8 Zacken bzw. Nadelspiel Nr. 4

Kette aus Fäden
Anleitung
Aus Scala 24 Fäden à 80 cm Länge schneiden. Jeweils 12 Fäden zusammengefasst durch den Scheibenanhänger ziehen, zur Hälfte legen und die transparenten Perlen in Flieder auffädeln. Die losen Fadenenden mit Klebeband zusammenfassen und beide Fadenbündel auf die gleiche Länge zuschneiden (ca. 35 cm bis 36 cm), mit Klebeband fixieren und mit Heißkleber in die Verschlusshülsen kleben. Für die Quaste noch 15 Fäden à 40 cm Länge zuschneiden. Fadenbündel zur Hälfte legen und durch den Scheibenanhänger knoten. Eine transparente Perle in Rosé über das Fadenbündel schieben und eventuell mit einem Tropfen Heißkleber fixieren.

Kette aus Strickschlauch
Anleitung
Mit 2 Nd des Nadelspiels über 8 M oder einer Strickliesel mit 8 Zacken einen Strickschlauch von 1 m Länge anfertigen. M zusammenziehen und die Fäden vernähen. Den Strickschlauch zur Hälfte legen und durch den Scheibenanhänger knoten. Auf jedes Ende des Strickschlauchs eine transparente Perle schieben. Kettenenden mit Heißkleber in die Verschlusshülsen kleben.

Tipp: Diese frühlingsfrische Schmuck-Kombination macht Lust auf mehr.

LANGE KETTEN & SCHALS

LÄNGE
ca. 90 cm

MATERIAL
- Schachenmayr Scala in Orion color (Fb 93), 50 g
- Kettenverschluss in Gold, ø 1,2 cm
- 5 Schalperlen in Grün, ø 2,2 cm, 2,5 cm lang
- Stricknadeln Nr. 7-8

MASCHENPROBE
Mit Nd Nr. 7-8 im Netzmuster
13 M und 8 R = 10 cm x 10 cm

Netzschal mit Perlen
→ superlang

Netzmuster
1.R: RM; 1 U, 1 M rechts im Wechsel str, enden mit 1 U, RM
2.R: Alle M rechts str, dabei die Umschläge fallen lassen und die M lang ziehen.
1. und 2. R fortlaufend wdh.

Anleitung
28 M anschlagen und einen Schal im Netzmuster arbeiten: ca. 20 cm breit und 90 cm lang.
Die Schalperlen auffädeln und gleichmäßig verteilen. Die Schalenden jeweils mit etwas Klebefilm zusammenfassen und fixieren.
Mit Heißkleber in die Verschlusshülsen kleben.

LANGE KETTEN & SCHALS

Geschlungene Kette in Rot-Schwarz

→ wunderbar auffallend

LÄNGE
ca. 70 cm

MATERIAL
- Schachenmayr Brazilia in Rubin bicolor (Fb 231) und Weinrot (Fb 31), je 50 g
- Schachenmayr Scala in Amarena color (Fb 87), 25 g
- Kettenverschluss in Silber, ø 1,2 cm
- 2 Tütenperlen in Rot matt, ca. 3,5 cm lang
- Strickliesel mit 4 Zacken bzw. Strickmühle und Nadelspiel Nr. 4
- Häkelnadel
- transparenter Nähfaden (z. B. Coats Sonal)

Tipp: Diese sehr kompakt wirkende Kette passt hervorragend zu einem schlichten langen Kleid.

Glatt rechts
In Rd alle M rechts str

Anleitung

Strickkordeln über 4 M anfertigen:
Mit der Strickliesel mit 4 Zacken oder 2 Nd des Nadelspiels aus Brazilia je drei Kordeln à 70 cm Länge in Weinrot und Rubin bicolor arbeiten.

19

Schal der 1000 Möglichkeiten

→ peppt jedes Outfit auf

WEITERFÜHRUNG
Geschlungene Kette in Rot-Schwarz

Mit der Strickmühle oder 2 Nd des Nadelspiels aus Scala drei Kordeln à 90 cm Länge arbeiten. Alle neun Kordeln zusammenfassen, sodass die drei längeren Kordeln aus Scala auf jeder Seite gleichmäßig überstehen. Die Kordeln lose verdrehen und mit Nähgarn etwas festheften.
Mit Scala auf 3 Nd des Nadelspiels 15 M (5 M je Nd) anschlagen in Rd glatt rechts str, dann auf 10 M verringern (1 M rechts, 2 M rechts zusammenstr im Wechsel) und weiter 5 cm glatt rechts str. M abketten. Einen zweiten Strickschlauch gleich arbeiten. Die überstehenden Scala-Enden des Kordelstrangs mit einer Häkelnadel durch die weitere Öffnung des Strickschlauchs bis zum verjüngten Ende ziehen und mit transparentem Nähfaden daran festnähen. Die Tütenperlen nach Abbildung über die Kette ziehen, dabei umschließt die weitere Öffnung die gedrehten Kordeln. Dann die Kettenenden mit etwas Klebefilm fixieren und mit Heißkleber in die Verschlusshülsen kleben.

LÄNGE
ca. 75 cm

MATERIAL
- Schachenmayr Scala in Murmel color (Fb 90) bzw. Basalt color (Fb 91), je 50 g
- Kettenverschluss in Silber, 1,2 cm
- große Schalperle in Altsilber bzw. Altmessing, ca. ø 2,5 cm, ca. 3 cm lang
- Stricknd Nr. 7-8

MASCHENPROBE
Mit Nd Nr. 7-8 im Netzmuster 13 M und 8 R = 10 cm x 10 cm

Netzmuster

1.R: RM; 1 U, 1 M rechts im Wechsel str, enden mit 1 U, RM
2.R: Alle M rechts str, dabei die Umschläge fallen lassen und die M lang ziehen.
1. und 2. R fortlaufend wdh

Anleitung

28 M anschlagen und einen Schal im Netzmuster arbeiten: ca. 20 cm breit und 75 cm lang. Den Schal zur Hälfte legen und eine Perle nach Wunsch über die beiden Schalenden ziehen. Mit der Perle kann die Länge variiert werden. Man kann den Schal auch verändern, indem man die Schalenden unterschiedlich lang hängen lässt.

Für die Variante als Kette fasst man die Schalenden zum Fixieren mit Klebefilm zusammen und klebt sie mit Heißkleber in die Verschlusshülsen.

Tipp: Wenn die Schmuckperlen einen größeren Durchmesser als die Verschlusshülsen haben, können Sie sie auch nachträglich über den Schal ziehen und auf diese Weise immer wieder verschiedene Perlen verwenden.

LANGE KETTEN & SCHALS

Ketten mit Muschelperlen

→ für den Sommertyp

LÄNGE
kurze Kette ca. 40 cm
lange Kette ca. 60 cm

MATERIAL
- Schachenmayr Scala in Basalt color (Fb 91), 25 g
- Strickliesel mit 8 Zacken oder Nadelspiel Nr. 4-5
- transparenter Nähfaden (z. B. Coats Sonal)

KURZE KETTE
- Kettenverschluss in Gold, ø 7 mm
- Großlochperle in Gold matt, ø 2 cm
- 20 kleine Perlmuttperlen, ø 5 mm

LANGE KETTE
- Kettenverschluss in Gold, ø 7 mm
- 2 Großlochperlen in Gold matt, ø 2 cm
- 60 kleine Perlmuttperlen, ø 5 mm

Kurze Kette

Anleitung

Aus Scala einen Strickschlauch über 8 M von ca. 35 cm Länge anfertigen, die M zusammenziehen, Fäden vernähen. Auf den transparenten Nähfaden 20 Perlmuttperlen auffädeln und die 1. und letzte Perle fixieren. Den Strickschlauch zur Hälfte legen und die Großlochperle aufziehen, so dass die Enden aus dem kleineren Loch ragen. Um die Mitte des Strickschlauches (= Bruch) den Faden mit den Perlen legen, dabei darauf achten, dass die Enden unterschiedlich lang liegen. Die Großlochperle über den Knotenpunkt ziehen und damit fixieren.
Anfang und Ende des Strickschlauchs mit Heißkleber in die Verschlusshülsen kleben.

Lange Kette

Anleitung

Aus Scala einen Strickschlauch über 8 M von ca. 90 cm Länge anfertigen, die M zusammenziehen, Fäden vernähen. Auf den transparenten Nähfaden 60 Perlmuttperlen auffädeln. Den Strickschlauch zur Hälfte legen und die beiden Großlochperlen so aufziehen, dass die große Öffnung der 1. Perle zum Bruch des Strickschlauchs und die der 2. Perle zu den Strickschlauchenden zeigt.
Um die Mitte des Strickschlauchs (= Bruch) den Faden mit den Perlen legen. Dabei die Perlenschnur nicht genau hälftig legen, sondern eine Seite etwas länger lassen (3-4 Perlen Unterschied), damit die Perlenschnüre schöner liegen. Die offenen Enden des Strickschlauchs mit den beiden Enden der Perlenschnur zusammennähen. Die beiden Großlochperlen jeweils über einen Knotenpunkt ziehen und damit fixieren.

Tipp: Sie lieben Sommer, Sonne und Meer? Dann sind diese Ketten genau das Richtige. Sie kommen wunderbar auf leicht gebräunter, matt schimmernder Haut zur Geltung.

SCHMUCK-SETS

Cool in Blau-Schwarz
→ lange Kette und Armband

LÄNGE
Kette ca. 68 cm
Armband ca. 16 cm

MATERIAL
- Schachenmayr Brazilia in Royal bicolor (Fb 251), Rest oder 50 g
- Schachenmayr Scala in Admiral color (Fb 94), Rest oder 25 g
- Strickmühle mit 4 Zacken bzw. Nadelspiel Nr. 4

HALSKETTE
- Kettenverschluss in Oxyd matt, ø 7 mm
- 2 Schalperlen in Altsilber, ø 1,4 cm, 2,5 cm lang
- Anhänger mit 2 gezogenen Glasperlen in Blautönen, ca. ø 13 cm

ARMBAND
- Kettenverschluss in Oxyd matt, ø 7 mm
- Schmuckperle in Altsilber, ø ca. 1,2 cm

Halskette

Anleitung
Aus Brazilia und Scala je eine Strickkordel über 4 M ca. 70 cm lang anfertigen. Die Kordeln über Kreuz durch den Anhänger ziehen, dann auf jeder Seite eine Schalperle auffädeln. Die Schalperlen eventuell fixieren, die Kettenenden zusammenfassen und mit Heißkleber in die Verschlusshülsen kleben.

Armband

Anleitung
Aus Brazilia eine Strickkordel über 4 M von ca. 16 cm und aus Scala eine Strickkordel über 4 M von ca. 32 cm Länge anfertigen. Die Kordel aus Scala zweimal zur Hälfte legen und die Perle darüber ziehen, sodass eine Schlaufe entsteht. Durch diese Schlaufe die Kordel aus Brazilia ziehen und ebenfalls zur Hälfte legen. Die Kettenenden zusammenfassen und mit Heißkleber in die Verschlusshülsen kleben.

Tipp: Das Armband können Sie einfach länger arbeiten. Schon haben Sie eine neue interessante Kette in dieser Technik.

SCHMUCK-SETS

Set in Kupfer-Tönen
→ für den Herbsttyp

LÄNGE
Kette
ca. 62 cm
Armband
ca. 17 cm

MATERIAL
- Anchor Arista in Kupfer (Fb 314), Kupfer-Schwarz (Fb 316) und Schwarz-Bronze (Fb 340), je 25 g
- Brazilia Lamé in Schwarz (Fb 85), Rest
- 2 Kettenverschlüsse in Gold, ø 7 mm
- Strickliesel mit 4 Zacken und Nadelspiel Nr. 4

Glatt rechts
In Rd alle M rechts str

Gestrickte Perle
Auf 3 Nd des Nadelspiels verteilt 6 M in Brazilia Lamé anschlagen und 2 Rd glatt rechts str. In der 3. Rd bei jeder Nd aus der mittleren M eine M herausstr (= 9 M) und 7 Rd glatt rechts str. In folgender Rd die beiden mittleren M jeder Nd rechts zusammenstr. Nach 2 Rd glatt rechts, M abketten und die Fäden vernähen.

Tipp: Sie lieben warme Farbtöne? Dann ist dieses Schmuckensemble genau das Passende für Ihren Auftritt beim nächsten Fest.

Übrigens: Auch ein geflochtenes Armband sieht hübsch aus.

Kette
Anleitung
Mit der Strickliesel aus Arista in jeder Farbe eine Kordel von ca. 85 cm Länge anfertigen. Die Kordeln an einem Ende zusammenfassen und einen Zopf von 38 cm Länge flechten. Den Zopf mit einem Faden abbinden und fixieren. Eine gestrickte Perle aus Brazilia Lamé über die Kordeln schieben und damit die Übergangsstelle zum geflochtenen Teil der Kette verdecken. Die Kettenenden zusammenfassen und mit Heißkleber in die Verschlusshülsen kleben.

Armband
Anleitung
Mit der Strickliesel aus Arista in jeder Farbe eine Kordel von ca. 17 cm anfertigen. Die Kordeln zusammenfassen, fixieren und mit Heißkleber in die Verschlusshülsen kleben.

SCHMUCK-SETS

Flechtgürtel

→ total trendy

LÄNGE
ca. 1,10 m

MATERIAL
- Schachenmayr Scala in Murmel color (Fb 90), 50 g
- Gürtelschließe in Anthrazit, ca. 5 cm breit
- transparenter Nähfaden (z. B. Coats Sonal)
- Strickmühle mit 4 Zacken bzw. Nadelspiel Nr. 4

Anleitung

Mit der Strickmühle oder 2 Nd vom Nadelspiel über 4 M aus Scala drei Kordeln von je 2,50 m Länge anfertigen. Die Kordeln zur Hälfte legen und in die Gürtelschnalle einknüpfen, sodass die Kordeln parallel nebeneinander liegen. Nach 22 cm ab der Schnalle werden die Kordeln auf einer Länge von ca. 15 cm geflochten. Dabei Anfang und Ende des Zopfes mit transparentem Nähfaden und ein paar Stichen fixieren. Nach 25 cm wieder die Kordeln auf einer Länge von ca. 28 cm zu einem Zopf flechten. Anfang und Ende wieder fixieren. Die Kordelenden auf gleiche Länge kürzen und einen festen Knoten arbeiten. Fäden gut vernähen.

ACCESSOIRES

Anstecknadeln

→ Blume mit Perlen

GRÖSSE
ca. ø 9 cm

**MATERIAL
BUNTE BLÜTE**

- Schachenmayr Scala in Circus color (Fb 86), 25 g
- ummantelter Schmuckdraht in Flieder, ø 1,3 mm, ca. 1 m lang
- transparenter Nähfaden (z. B. Coats Sonal)
- je 6 Swarovski®-Kristall-Schliffperlen in Hellgrün, Rosa und Violett, ø 4 mm
- Anstecknadel zum Annähen, 3 cm lang
- Strickmühle mit 4 Zacken bzw. Nadelspiel Nr. 4-5
- Nähnadel

GOLDENE BLÜTE

- Anchor Arista in Softgold (Fb 303), 25 g
- ummantelter Schmuckdraht in Gold, ø 1,3 mm, ca. 1m lang
- transparenter Nähfaden (z. B. Coats Sonal)
- 18 Swarovski®-Kristall-Schliffperlen in Oliv, ø 4 mm
- Anstecknadel zum Annähen, 3 cm lang
- Strickliesel mit 4 Zacken
- Nähnadel

Anleitung

Eine Strickkordel von ca. 1 m Länge anfertigen, Fäden vernähen. In die Kordel den ummantelten Schmuckdraht einziehen. Es empfiehlt sich, einen passenden Farbton zu wählen, da der Draht durchscheinen kann.
Die Kordel in Schlingen zu einer Blüte legen, am besten mit einer „8" beginnen. Von außen nach innen zur Blütenmitte arbeiten. Mit größeren Schlingen von ca. 4 cm bis 5 cm Durchmesser beginnen und zur Blütenmitte die Schlingen kleiner werden lassen. Dabei immer über die Mitte kreuzen und die Schlingen beim Kreuzen mit dem transparenten Nähfaden mit einigen Stichen fixieren. Das Reststück der Strickkordel in der Mitte zu einer Schnecke drehen.
Die Kristallperlen auf den transparenten Nähfaden auffädeln und in der Blütenmitte befestigen.

Tipp: Sie können die Blüte auch auf einer Haarspange befestigen und Ihr Haar zusammenhalten.

Mini-Haarbänder und Spange

→ davon kann man nie genug haben

GRÖSSE
Haarbänder
ca. ø 6 cm
Spange
ca. 7 cm lang

MATERIAL HAARGUMMIS
- Schachenmayr Brazilia in Weiß (Fb 01) oder Flamingo (Fb 34), Reste oder je 50 g
- Schachenmayr Brazilia Color in Flamingo color (Fb 82) oder Passion (Fb 109), Reste oder je 50 g
- Nadelspiel Nr. 4-5
- Elastikgummi, 5 mm breit, 9 cm lang

HAARSPANGE
- Schachenmayr Brazilia in Flamingo (Fb 34), kleiner Rest
- Nadelspiel Nr. 4-5
- Haarspange, 8 mm breit, ca. 7 cm lang
- 16 Brillantschliff-Schmuckperlen in Rot und 8 in Lachs, ø 4 mm
- transparenter Nähfaden (z. B. Coats Sonal)
- Nadelspiel Nr. 4-5
- Nähnadel

Haargummis

Anleitung

Mit 2 Nd einen ca. 16 cm langen Strickschlauch herstellen. Dafür 10 M anschlagen. * Die Arbeit nicht wenden sondern die M ans andere Ende der Nd schieben, dabei den Faden hinter den Maschen mitführen, 10 M rechts str. Ab * stets wdh. Nach einigen R die Kordel in die Länge ziehen, so verteilen sich die M besser. Gummi einziehen und sehr fest zusammennähen. Anschlag- und Abkettrand zusammennähen.

Haarspange

Anleitung

Mit 2 Nd des Nadelspiels 5 M anschlagen, dabei den Anfangsfaden ca. 10 cm lang hängen lassen. Einen ca. 7 cm langen Strickschlauch herstellen, den Endfaden ebenfalls nicht zu kurz abschneiden. Mit ein paar Tropfen Heißkleber oder doppelseitigem Klebeband den kleinen Strickschlauch auf der Haarspange fixieren. Den Anfangs- und Endfaden durch die Bohrungen der Haarspange vernähen und damit gleichzeitig befestigen. Acht Perlenschnüre arbeiten. Dafür je drei Perlen mit dem transparenten Nähfaden auffädeln. Dabei die erste Perle mit Knoten fixieren und verteilt auf den Strickschlauch nähen.

ACCESSOIRES

Einfache Haarbänder
→ in verschiedenen Farben

GRÖSSE
ca. ø 15 cm

MATERIAL
- Schachenmayr Scala in Orion color (Fb 93), Admiral color (Fb 94) und Atlantis color (Fb 85), je 25 g
- Nadelspiel Nr. 4-5
- Elastikband, 5 mm breit, 23 cm lang
- Sicherheitsnadel

Glatt rechts
In Rd alle M rechts str

Anleitung
Für den Strickschlauch 24 M auf 3 Nd verteilt anschlagen und in Rd glatt rechts str. Nach 30 cm alle M abketten und den Schlauch auf links wenden. Das Gummi mit einer Sicherheitsnadel einziehen und sehr fest zusammennähen. Anschlag- und Abkettrand im Maschenstich schließen.

Tipp: Das Haarband schlingen Sie am besten zweimal um Ihren Haarknoten.

Puschelhaarband

→ hält widerspenstiges Haar fest

GRÖSSE
ca. ø 17 cm

MATERIAL
- Schachenmayr Brillant in Kiwi (Fb 75) und Hellblau (Fb 55), Reste oder je 50 g
- Schachenmayr Brasilia Color in Komet color (Fb 104), Rest
- Nadelspiel Nr. 4-5
- Häkelnadel Nr. 4
- Elastikgummi, 5 mm breit, ca. 23 cm lang
- Sicherheitsnadel

MASCHEN-PROBE
Mit Nd Nr. 4-5 bei glatt rechts 20 M und 22 R = 10 cm x 10 cm

Glatt rechts
In Rd alle M rechts str

Anleitung
Mit dem Nadelspiel 80 M in Kiwi anschlagen und in Rd 5 cm glatt rechts str. Weiter 3 Rd in Brasilia Color und 5 cm in Hellblau. M locker abketten. Den Abkettrand links auf links auf den Anschlag legen und mit Brazilia mit fM bis auf eine kleinere Öffnung zusammenhäkeln. Das Elastikband mit einer Sicherheitsnadel einziehen und sehr fest zusammennähen. Die verbliebene Öffnung nun ebenfalls zusammenhäkeln und noch eine zweite Rd fM häkeln. Fäden vernähen.

IMPRESSUM

FOTOS: frechverlag GmbH, 70499 Stuttgart; Fotostudio Ullrich & Co., Renningen
DRUCK: frechdruck GmbH, 70499 Stuttgart

Materialangaben und Arbeitshinweise in diesem Buch wurden von der Autorin und den Mitarbeitern des Verlags sorgfältig geprüft. Eine Garantie wird jedoch nicht übernommen. Autorin und Verlag können für eventuell auftretende Fehler oder Schäden nicht haftbar gemacht werden. Das Werk und die darin gezeigten Modelle sind urheberrechtlich geschützt. Die Vervielfältigung und Verbreitung ist, außer für private, nicht kommerzielle Zwecke, untersagt und wird zivil- und strafrechtlich verfolgt. Dies gilt insbesondere für eine Verbreitung des Werkes durch Fotokopien, Film, Funk und Fernsehen, elektronische Medien und Internet sowie für eine gewerbliche Nutzung der gezeigten Modelle. Bei Verwendung im Unterricht und in Kursen ist auf dieses Buch hinzuweisen.

Auflage: 5.   4.   3.   2.   1.
Jahr: 2008 2007 2006 2005 2004   [Letzte Zahlen maßgebend]

© 2004 **frechverlag** GmbH, 70499 Stuttgart

ISBN 3-7724-6606-0
Best.-Nr. 6606